왜 그런지
정말
궁금해요

동북아시아의 강대국이 된 고구려

고구려 사람들은 왜 벽화를 그렸나요?

글 전호태

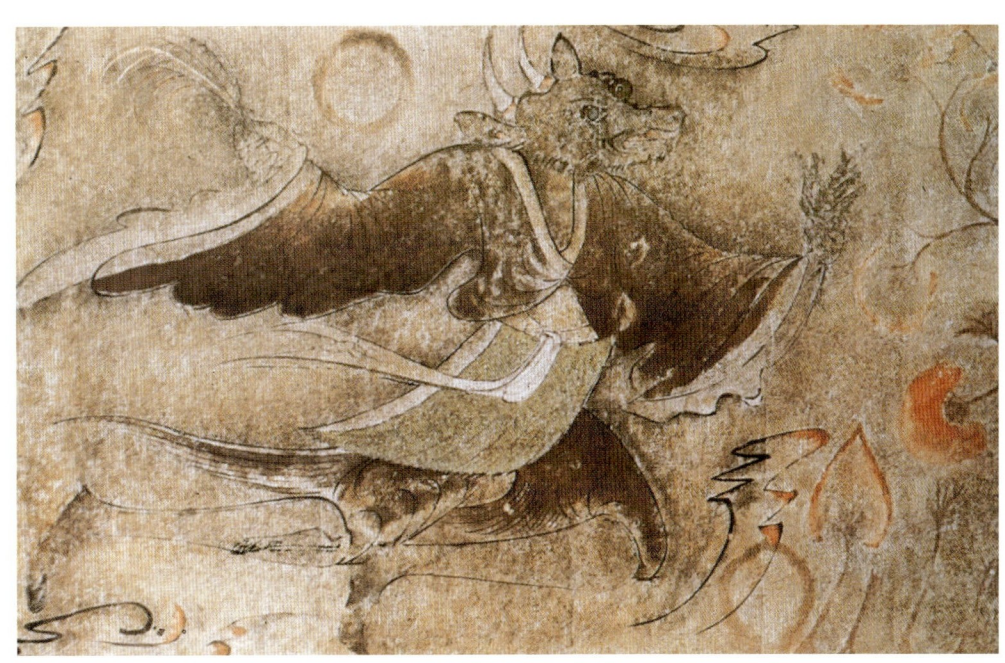

다섯수레

차례

고구려 사람들은 왜 벽화를 그렸나요?

처음 펴낸 날 | 1998년 5월 5일
개정증보판 1쇄 펴낸 날 | 2010년 6월 25일
개정증보판 7쇄 펴낸 날 | 2023년 11월 5일

글 | 전호태
그림 | 신재명

펴낸이 | 김태진
펴낸곳 | 다섯수레
주소 | 서울특별시 마포구 동교로15길 6 (우 04003)
전화 | (02)3142-6611
팩스 | (02)3142-6615
등록번호 | 제3-213호
등록일자 | 1988년 10월 13일

편집 | 김경희, 김시완, 장예슬

인쇄 | (주)로얄프로세스
제본 | 책다움

ⓒ 전호태, 2010

ISBN 978-89-7478-340-2 74910
ISBN 978-89-7478-029-6(세트)

이 책을 쓴 전호태 선생님은 서울대학교 국사학과를 졸업하고, 같은 학교 대학원에서 한국 고대사 전공으로 박사 학위를 받았습니다. 지금은 울산대학교 역사문화학과 교수이자 반구대암각화유적보존연구소장으로 일하면서, 고구려 고분 벽화의 분석을 통해 고대 문화사를 복원하는 데 몰두하고 있습니다. 《고구려 생활문화사 연구》 《고구려 벽화고분》 《울산 반구대암각화 연구》 《중국 화상석과 고분 벽화 연구》 등을 쓰셨습니다.

그림을 그린 신재명 선생님은 서울대학교 서양화과와 같은 학교 대학원을 졸업했습니다. 《판타지로 만나는 한국사 명장면》 《나는 어떻게 생각을 할 수 있을까?》 《황소와 도깨비》 등에 그림을 그렸습니다.

사진 협조 | 단양군청 외

- 4 고구려 사람들은 어떻게 생겼나요?
- 6 누가 고구려의 왕이 되었나요?
- 6 고구려의 도읍은 어디였나요?
- 7 고구려의 땅을 가장 많이 넓힌 왕은 누구인가요?
- 8 고구려는 신라와 어떤 관계였나요?
- 8 고구려가 백제의 공격을 받은 적도 있나요?
- 9 고구려 문화가 일본에도 전파되었나요?
- 10 고구려 사람들은 활을 잘 쏘았나요?
- 11 소리 나는 화살도 있었나요?
- 12 무시무시한 못신을 신었던 사람들은 누구인가요?
- 13 고구려 사람들은 왜 말에게도 갑옷을 입혔나요?
- 14 고구려 사람들은 시와 음악을 좋아했나요?
- 15 고구려에도 무용단이 있었나요?
- 15 누가 바퀴 굴리기나 공 던지기 놀이를 잘했나요?
- 16 고구려에서는 여자도 바지를 입었나요?
- 16 누가 화려한 무늬 옷을 입었나요?
- 17 고구려 남자들은 왜 모자에 깃을 꽂았나요?
- 18 고구려 사람들도 국을 끓여 먹었나요?

18 고구려 사람들은 왜 온돌을 발명했을까요?

19 차고를 갖춘 집도 있었나요?

20 고구려의 결혼 풍습은 지금과 같았나요?

20 온달은 정말 바보였나요?

21 고구려의 백성들은 어떻게 살았나요?

22 해 안에 왜 세발까마귀를 그렸나요?

23 용의 몸을 가진 신은 누구인가요?

24 고구려 사람들은 신들이 무엇을 가르쳐 준다고 믿었나요?

25 고구려에도 천문학자가 있었나요?

25 고구려 사람들은 어떤 문자를 썼나요?

26 벽화에서 학이나 용을 탄 사람들은 누구인가요?

28 고구려 사람들은 왜 무덤 벽에 그림을 그렸을까요?

28 벽화에는 왜 커다란 나무가 그려져 있을까요?

29 고구려 고분 벽화에는 무엇이 그려져 있나요?

30 무덤 벽에 왜 사신을 그렸을까요?

30 고분 벽화의 용은 왜 사슴뿔을 달고 있나요?

31 고구려 사람들은 왜 연꽃을 좋아했나요?

32 무덤은 누가 지켰나요?

32 돌로 만든 방을 무덤으로 쓴 사람들은 누구인가요?

33 돌을 쌓아 만든 돌무지무덤도 있다고요?

34 고구려는 왜 멸망했나요?

35 고구려의 역사를 어떻게 알 수 있나요?

35 고분 벽화는 어디에 가면 볼 수 있나요?

36 천하의 중심이 된 고구려

40 찾아보기

고구려 사람들은 어떻게 생겼나요?

고구려 사람들은 우리와 얼굴이 같았어요. 우리의 조상 가운데 한 갈래이지요. 고구려는 압록강 중류 지역에 세워졌지만, 땅이 좁고 곡식이 많이 나지 않아서 살기가 어려웠어요. 그렇지만 용맹하고 날래었던 고구려 사람들은 부지런히 주변의 작은 나라들을 아울러서 드디어는 큰 나라를 만들었어요. 5세기에 고구려는 만주와 한반도 중부 지방을 차지하여 동북아시아의 강대국이 되었어요.

동암리 고분의 주인공으로 보이는 인물

10미터가 넘는 벽에 250여 명의 사람들이 그려진 안악 3호분 대행렬도

● 신화에 따르면 고구려를 세운 사람은 '주몽'이라고 합니다. 주몽의 아버지는 태양신인 해모수였고 어머니는 물의 신인 하백의 딸 유화였다고 전해집니다. 어머니 유화와 함께 부여에서 자란 주몽은 활을 매우 잘 쏘았다고 해요. '주몽'은 부여 말로 '활 잘 쏘는 사람'이라는 뜻이에요.

● 고구려 사람들은 말도 잘 탔고, 배도 잘 만들었어요. 새로운 땅을 개척하는 것도 좋아했어요. 그래서 고구려 사람들은 파미르 고원 너머 중앙아시아의 사람들과 무역을 하기도 했어요.

우즈베키스탄 사마르칸트의 아프라시압 궁전 벽화
벽화 맨 오른쪽의 두 사람이 고구려 사절이에요.

누가 고구려의 왕이 되었나요?

고구려는 다섯 개의 부족이 힘을 모아 세운 나라였어요. 처음에는 왕의 형제들이 차례로 왕이 되기도 했지만, 나중에는 왕의 아들이 그다음 왕이 되었어요. 고구려가 아주 힘센 나라가 되자, 고구려 왕은 자신을 '대왕'이라고 부르게 했습니다.

● 고구려 6대 왕인 태조왕은 태어나면서부터 눈을 떠서 사람들을 놀라게 했다고 중국 역사책에 기록되어 있어요.

● 광개토대왕의 뒤를 이은 장수왕은 79년 동안이나 나라를 다스렸어요. 고구려의 도읍을 평양으로 옮기고, 백제와 싸워서 항복을 받기도 했어요. 백 살 가까이 되도록 오래 살았기 때문에 죽은 뒤에 '장수왕'이라는 이름이 붙었어요.

고구려의 도읍은 어디였나요?

고구려 사람들은 처음에 졸본이라는 곳에 나라를 세웠지만, 얼마 안 되어 국내성으로 도읍을 옮겼어요. 고구려가 땅이 더욱 넓어지고 힘이 세지자, 국내성은 좁아서 많은 사람이 살기에 불편했어요. 그래서 넓은 들이 있는 평양으로 도읍을 옮겼습니다. 평양이 도읍이 된 뒤에도 국내성은 제2의 도읍으로 여전히 번성했어요.

고구려의 땅을 가장 많이 넓힌 왕은 누구인가요?

391년 아버지 고국양왕이 죽은 후 18세에 왕위에 오른 광개토대왕은 396년에 백제를 정벌하여 58성을 차지하며 한강 이북에 이릅니다. 광개토대왕은 서북쪽의 후연과 싸워 요동 지역을 차지하는 한편, 410년에 동예를 통합하고 동부여를 정벌하여 고구려의 영토에 포함시켰습니다. 이로써 고구려는 만주 지역의 주인공으로 우뚝 서게 됩니다. 광개토대왕의 공적은 장수왕이 세운 광개토대왕릉비에 기록되어 있어요.

● 고구려 땅은 매우 넓었어요. 북만주의 대평원은 말을 타고 며칠을 달려도 산이 보이지 않았고, 태백산맥의 높은 산과 깊은 골짜기는 사람이 다니기도 어려웠어요.

● 광개토대왕릉비의 내용은 크게 세 부분으로 나뉘어 있어요. 제1부에는 고구려 시조 주몽의 건국 설화를 비롯하여 유리왕, 대무신왕의 왕위 계승, 그리고 광개토대왕의 약력과 업적, 비의 건립 경위 등이 기록되어 있습니다. 제2부에는 광개토대왕의 정복 활동이 연대순으로 기록되어 있는데, 비문의 가장 많은 부분을 차지하고 있어요. 제3부에는 광개토대왕의 능을 지키는 사람들의 출신지와 그들을 관리하는 법령이 기록되어 있지요.

광개토대왕릉비
광개토대왕릉비는 6미터가 넘는 높이의 응회암이라는 돌로 만들었어요. 비의 4면에 모두 글자를 새겼는데, 총 44행으로 1,770여 자의 글자가 남아 있지만 150여 자는 훼손되어 읽을 수가 없어요. 이 비문은 고구려 특유의 웅장한 서체로 새겨져 있지요.

고구려는 신라와 어떤 관계였나요?

경주의 호우총이란 무덤에서 나온 청동 그릇은 광개토대왕을 기리기 위해 만든 그릇으로, 고구려와 신라의 관계를 보여 줍니다. 고구려 광개토대왕의 영토 확장에 위기를 느낀 백제는 가야, 왜와의 관계를 돈독히 하고 있었지요. 그 와중에 왜와 가야의 연합군이 신라에 쳐들어와 도읍인 경주를 포위하자, 내물왕은 급히 고구려 광개토대왕에게 구원병을 보내 달라고 했어요. 400년 신라를 도우러 온 고구려군은 왜군과 가야군을 물리치고 이들의 뒤를 쫓아 가야 연맹을 이끌던 김해의 금관가야까지 쑥대밭을 만들었어요. 이때부터 오랫동안 신라는 고구려에 머리를 조아리는 나라가 되었지요.

신라 무덤에서 나온 호우명 그릇

호우명 그릇 바닥

호우명 그릇은 광개토대왕의 장례식 기념품으로 만들어졌어요. 이 예식에 참석했던 신라 사신도 이 그릇을 받아 경주로 돌아갔지요. 이 그릇은 나중에 신라 사신의 무덤에 묻혔다가 고고학자들에 의해 발견되었고, 그 무덤은 호우총이라고 불리게 되었어요. 그릇 바닥에 '을묘년국강상광개토지호태왕호우십'이라는 글이 있어 414년 작품이라는 것이 알려졌지요.

중원 고구려비

중원 고구려비는 국내에 유일하게 남아 있는 고구려 비로, 남하 정책을 추진한 장수왕이 중원 지역까지 영토를 확대한 후에 세운 기념비입니다. 충청북도 충주에 남아 있지요.

고구려가 백제의 공격을 받은 적도 있나요?

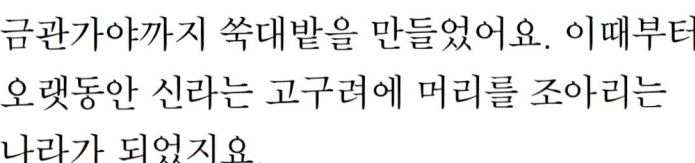

4세기에 전성기를 맞은 백제는 근초고왕 때 대방군의 옛 땅을 확보하고 고구려 평양성을 공격했어요. 이때 고구려 고국원왕이 목숨을 잃었지요. 그 뒤 고구려 장수왕이 남하 정책을 펴자 백제와 신라는 '나·제 동맹'을 맺고 고구려에 대항하기로 약속했어요. 그러나 475년 백제는 고구려군에게 한성을 함락당하고 개로왕도 전사하는 불운을 겪고 말았어요. 백제의 문주왕은 도읍을 웅진으로 옮겼어요. 이때부터 6세기 중반까지 한강 유역은 고구려의 지배를 받게 된답니다.

고구려 문화가 일본에도 전파되었나요?

고구려 승려 담징은 610년에 일본으로 건너가 5경을 전하고 종이와 먹, 수차 만드는 법을 가르쳐 주었어요. 호류 사 금당 벽화도 담징이 그린 것으로 전해지고 있어요. 그리고 일본 고대 문화의 발상지인 아스카 지역에서 두 개의 고분이 발굴되었어요. 한 고분의 방 벽에는 고구려 고분 벽화와 닮은 사신도와 천문도가 그려져 있었어요. 다른 고분의 방 벽에는 고구려 귀족 부인의 옷과 비슷한 옷을 입은 여인들이 표현되어 있었어요. 두 고분의 벽화는 7세기 후반에서 8세기 초에 그려졌다고 해요. 일본 학자들은 고구려가 멸망한 뒤 일본 왕실의 화가가 된 고구려 유민이 이 고분 벽화를 그렸다고 본답니다.

다카마쓰 고분 벽화의 여인들
이 여인들이 입은 허리 아래로 내려오는 긴 저고리와 색동 주름치마는 고구려 수산리 고분 벽화에 그려진 여인들이 입은 것과 비슷하지 않나요?

기토라 고분의 백호
기토라 고분의 무덤 방 서쪽 벽면에 그려진 백호는 고구려 약수리 고분 벽화의 백호에서 비롯된 것처럼 보여요.

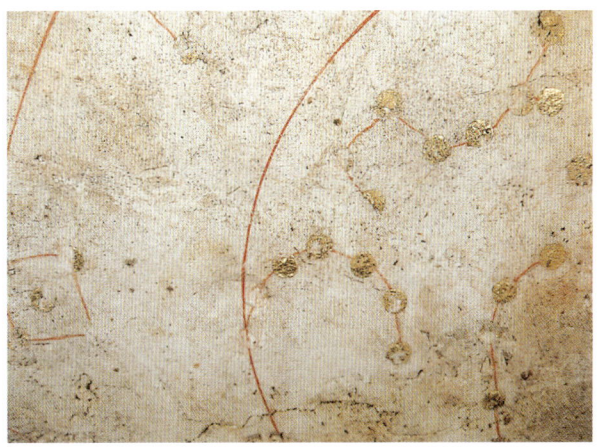

기토라 고분의 천문도
별을 동그란 원에 금박을 입힌 모습으로 나타내고 별 사이를 붉은 선으로 이어 별자리를 표현했어요. 일본 학자들은 이 천문도가 북위 34도인 아스카 지역이 아니라 북위 37도인 우리나라 중부 지역에서 관측한 결과라고 해요. 그래서 일본 학자들은 고구려 사람이 자기 고향 하늘을 그린 것이라고 본답니다.

고구려 사람들은 활을 잘 쏘았나요?

고구려 사람들은 활의 명수였어요. 고구려에서는 사냥 대회가 자주 열려 누가 활을 잘 쏘는지 서로 겨루었어요. 3월 3일이 되면 평양의 낙랑 언덕에서 열리는 사냥 대회가 가장 인기 있었어요. 이 대회에서 우승하면 임금님이 직접 상을 내렸으니까요. 유명한 바보 온달도 이 대회에서 우승하여 고구려의 장군이 되었다고 해요.

활과 화살을 갖추고 말에 탄 무사 (무용총)

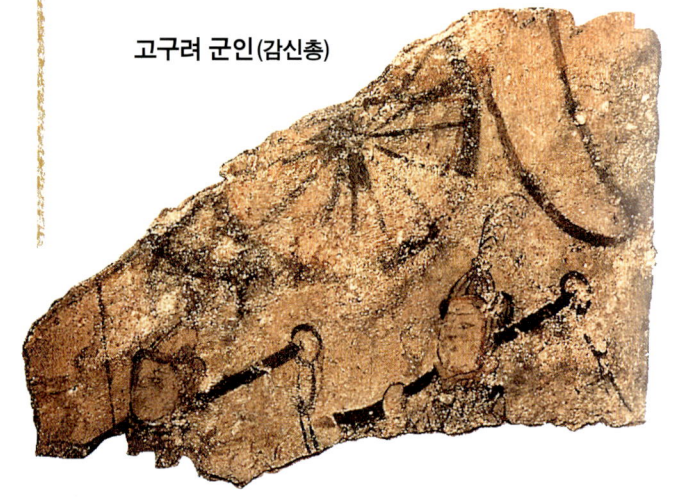

고구려 군인 (감신총)

● 고구려 사람들은 사냥을 나갈 때 사냥개를 데리고 다녔어요. 고구려의 사냥개는 호랑이나 곰도 무서워하지 않고 쫓아갔다고 해요.

● 고구려 군인은 '환두대도'라는, 손잡이가 둥근 고리로 되어 있는 긴 칼을 썼어요. 둥근 고리에 띠를 묶고 이것을 손목에 감으면 적과 싸울 때 칼이 손에서 떨어지는 일이 없었다고 해요. 이 칼은 길고 무거워서 군인들이 행진할 때에는 어깨에 걸쳤습니다.

무용총 수렵도의 한 부분
고구려의 활은 화살을 멀리 나가게 하기로 유명했어요. 중국 사람들은 고구려의 활을 무척 갖고 싶어 했어요. 그래서 고구려 왕은 중국의 왕에게 활을 선물하기도 했대요.

소리 나는 화살도 있었나요?

고구려 사람들은 사냥할 때 소리 나는 촉이 달린 화살을 즐겨 썼어요. 이 화살이 날면서 내는 소리가 얼마나 무서운지 달아나던 짐승도 더 이상 뛰지 못했다는군요.

● 고구려 사람들은 쓰임새에 따라 여러 가지 화살촉을 썼어요. 고대 사회의 화살촉은 요즘의 총알과 같은 것이지요.

무시무시한 못신을 신었던 사람들은 누구인가요?

고구려 군인은 갑옷과 투구로 온몸을 가리고, 발에는 못신까지 신었습니다. 갑옷을 입고 무시무시한 못신까지 신었으니, 적군이 고구려 군인 가까이 다가왔다가는 큰일나겠지요. 아마도 조선 시대의 이순신 장군은 고구려 고분 벽화 속의 못신을 보고 거북선을 만든 것이 아닐까요?

고구려 군인들이 신던 못신
삼실총이나 개마총의 벽화에 이런 못신을 신은 고구려 군인들이 그려져 있어요. 가죽신을 감아 묶을 수 있게 바닥판 가장자리에는 작은 구멍들이 두 개씩 잇달아 뚫려 있어요.

중무장한 군사들 (통구 12호분)
이 그림을 보면 군인은 물론 말도 투구와 갑옷으로 중무장한 것을 알 수 있어요. 뒤쪽에는 기마 전투에서 진 적의 목을 칼로 베는 모습이 그려져 있네요.

수박희 (안악 3호분)
두 장사가 오늘날 '태껸'이라고 부르는 무술의 대련 자세를 취하고 있어요.

환두대도를 들고 못신을 신은 장수

고구려 사람들은 왜 말에게도 갑옷을 입혔나요?

고구려 기병대는 말을 타고 싸움터에 나갔어요. 그런데 말이 적의 창이나 칼에 찔려 놀라 날뛰면 아무리 잘 무장한 군인이라도 말에서 떨어져 적에게 붙잡히고 말지요. 그래서 고구려 군대는 말에도 갑옷을 입히고 투구를 씌웠습니다. 말까지 갑옷을 입었으니, 고구려 군대는 천하무적이었겠지요.

아차산 4 보루에서 나온 투구 조각

삼실총 공성도의 한 부분
갑옷을 입고 투구를 쓴 두 명의 장수가 역시 갑옷을 입은 말 위에서 긴 창을 겨누고 있어요. 누가 이겼을까요?

각저총에 그려진 씨름
고구려 사람들도 씨름을 했어요. 힘센 장수들이 상대방의 샅바를 움켜잡고 힘을 쓰는 모습을 보면서 고구려 사람들은 하루의 피로를 씻어 내고는 했대요.

고구려 사람들은 시와 음악을 좋아했나요?

고구려 고분 벽화에는 악기를 연주하는 모습이 많이 그려져 있어요. 고분 벽화에 보이는 관악기, 현악기, 타악기만 36종이나 된답니다. 재상 왕산악은 중국의 칠현금을 개량한 거문고라는 악기를 만들어 유행시키기도 했어요. 다양한 타악기와 관악기가 동원되는 고취악대도 있었어요. 유리왕은 황조가라는 노래를 지었고, 을지문덕 장군은 오언시를 남기기도 했어요.

뿔나팔을 부는 신선 (무용총)
뿔나팔은 본래 군대가 행진할 때처럼 많은 사람들이 움직일 때 신호를 보내던 관악기예요. 여러 종류가 만들어지면서 연주에도 쓰였어요.

완함 (삼실총)
신선이 옷자락을 바람에 날리며 완함을 연주하고 있어요. 중앙아시아 일대의 오아시스 도시에서는 지금도 이런 종류의 현악기를 연주한다고 해요.

황조가

이리저리 나는 꾀꼬리는 / 암수가 서로 의지하건만
나만 홀로 있으니 / 누구와 더불어 돌아갈꼬

- 고구려의 2대 왕인 유리왕에게는 고구려 출신의 왕비 치희와 한족 출신의 왕비 화희가 있었는데, 두 왕비는 사이가 좋지 않았어요. 어느 날 화희는 치희와 싸우고 친정으로 가서 돌아오지 않았지요. 슬픔에 잠긴 유리왕은 사이좋게 지저귀는 노란 꾀꼬리 한 쌍을 보고 화희를 그리워하면서 '황조가'를 지었다고 합니다.

장고 (오회분 4호묘)
손바닥으로 가볍게 장고를 두드리는 신선의 모습이 아름답게 그려져 있어요. 장고는 중앙아시아 지역에서 유행하던 타악기예요.

거문고 (무용총)
당나귀처럼 긴 귀와 유난히 긴 목을 가진 신선이 무릎에 올려놓은 거문고를 연주하고 있어요. 거문고 줄을 뜯는 손가락이 정확하게 표현되어 있어요.

뿔나팔을 부는 사람 (안악 3호분)

무용단(무용총)

고구려에도 무용단이 있었나요?

고구려 귀족은 잔치를 열어 무용단이나 합창단의 공연을 즐기곤 했어요. 무용이나 합창을 하는 사람들은 곱게 화장하고, 머리를 깃이나 꽃으로 꾸며 매우 아름다운 모습이었어요. 특히 춤추는 사람들은 소매가 긴 저고리를 무용복으로 입었어요. 이들이 긴 소맷자락을 나풀거리면서 춤추면 마치 백로나 학이 날갯짓을 하는 것처럼 보였겠지요.

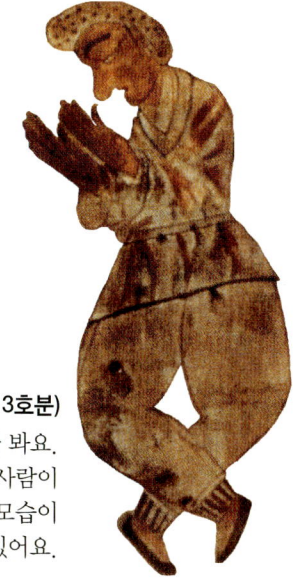

탈춤 (안악 3호분)
고구려에도 탈춤이 있었나 봐요.
코가 뾰족하고 얼굴이 긴 탈을 쓴 사람이
악기 연주에 맞추어 춤을 추는 모습이
고분 벽화에 그려져 있어요.

누가 바퀴 굴리기나 공 던지기 놀이를 잘했나요?

곡예단은 행차나 나들이를 하는 귀족의 일행 앞에서 여러 가지 재주를 보여 주었습니다. 이들은 간편한 옷을 입고 긴 장대 위에 올라가 걷기도 하고, 공중에 여러 개의 공과 막대 짧은 칼 같은 것을 잇달아 던져 번갈아 받아 내기도 했어요. 커다란 수레바퀴를 공중에서 구슬처럼 굴리기도 했어요.

곡예단(수산리 고분)

고구려에서는 여자도 바지를 입었나요?

고구려 땅은 겨울이 길고 추운 곳이 많았어요. 그래서 여자도 바지를 입었지요. 이렇게 바지를 입으면 활동하기가 편해서 농사일이든 가축 기르는 일이든 척척 해낼 수 있었어요. 긴 치마를 입을 때에는 속에 바지를 받쳐 입었어요. 귀부인들은 바지 위에 색동 주름치마를 입어 멋을 내기도 했어요.

● 시녀로 보이는 이 사람은 점무늬의 긴 저고리와 통이 좁은 바지를 입고 있어요.

무용총의 시녀

누가 화려한 무늬 옷을 입었나요?

고구려 사람들은 무늬 옷을 즐겨 입었어요. 귀족은 꽃점 무늬나 십자꽃 무늬, 다이아몬드 무늬로 아름답게 꾸민 옷감으로 옷을 해 입었어요. 보통 사람은 동그란 점무늬가 드문드문 나 있는 옷감을 썼지요. 그렇지만 아주 가난한 사람은 무늬 옷을 입을 수 없었답니다.

수산리 고분의 귀부인

● 이 부인은 허리 아래로 내려오는 긴 저고리와 색동치마를 입고 있어요. 이 부인처럼 고구려 여자들은 화장하면서 볼에 붉은 점을 찍어 멋을 내기도 했어요. 춤을 추거나 악기를 다루는 사람들은 다른 사람으로 보일 정도로 얼굴에 분을 많이 발랐다고 해요.

고구려 남자들은 왜 모자에 깃을 꽂았나요?

고구려 남자들은 모자의 양 옆에 깃을 꽂아 멋을 냈어요. 깃은 정수리 부분이 뾰족한 '절풍'이라는 모자에도 꽂았고, 전쟁 때 쓰는 투구에도 꽂았어요. 깃에는 금, 은, 새의 깃털로 된 것이 있었는데, 신분에 따라 모자에 꽂을 수 있는 깃이 달랐어요. 신분이 낮은 사람은 모자에 깃을 꽂을 수 없었대요.

절풍에 꽂았던 금동 관장식
새의 깃털처럼 표현한 세움 장식 세 개가 남아 있어요.

음식을 나르고 있는 사람 (무용총)
보통 사람들은 움직이는 데 편한 통이 좁은 바지를 입었습니다.

삼실총 행렬도에 그려진 주인
귀족들은 오늘날의 힙합 바지처럼 통이 넓은 바지를 입었어요.

절풍을 쓴 남자 (쌍영총 모사도)

● 여러분은 견우와 직녀의 이야기를 알고 있지요? 이 벽화의 왼쪽에는 소를 몰고 가는 견우가 있고, 오른쪽에는 옷감을 짜던 직녀가 있습니다. 옷감은 주로 여자들이 베틀로 짰습니다. 좋은 옷감을 한 벌 짜는 데 1년이 걸리기도 했다는군요.

덕흥리 벽화 고분의 견우와 직녀

고구려 사람들도 국을 끓여 먹었나요?

쇠솥과 시루 (서울 구의동)

귀족의 집에서는 부엌의 아궁이 위에 커다란 솥을 걸어 놓고 국을 끓였습니다. 손님이 오면 시녀들은 주인과 손님이 각각 자기 상에서 음식을 먹도록 여러 개의 상을 차려 날랐습니다. 그렇지만 보통 사람들은 음식을 한 상에 모두 차려 먹었지요.

상차림 행렬 (무용총)

고구려 사람들은 왜 온돌을 발명했을까요?

고구려는 겨울이 아주 춥고 길었어요. 고구려 사람들은 바닥을 데우면 방 전체가 따뜻해진다고 생각했지요. 그래서 방바닥 밑에 굴을 만들고 그곳으로 아궁이 불의 뜨거운 기운이 지나가게 했어요. 그랬더니 정말 방 안이 따뜻한 공기로 가득 차는 것이 아니겠어요. 그래서 나중에는 방바닥 밑에 넓적한 돌(방구들)을 깔고 여러 개의 굴을 만들어 불기가 지나가도록 방고래를 만들었어요. 이것이 온돌이에요.

● 고구려의 유적지에서는 항아리, 단지, 시루, 솥과 같은 그릇이 나옵니다. 고구려 사람들은 이런 그릇에 콩, 보리, 조, 기장과 같은 곡식을 담아 두거나 밥을 해 먹었을 거예요.

구들을 놓은 모습 (오매리 절골 1호)

- 귀족의 집에는 고기 창고도 있었어요. 고기 창고에는 노루, 멧돼지, 꿩, 물고기 같은 것을 걸어 두었어요. 이런 집의 개들은 틈만 나면 고기 창고 주변을 어슬렁거렸겠지요.

부엌, 고기 창고, 차고가 차례로 그려진 안악 3호분
귀족들은 지붕을 기와로 덮은 넓고 좋은 집에서 살았어요. 어떤 귀족의 집은 외양간 지붕도 기와로 덮었습니다.

차고를 갖춘 집도 있었나요?

귀부인은 소가 모는 차를 타고 다녔어요. 그래서 집에는 차고를 갖추었어요. 아주 부유한 귀족은 차도 여러 대 있어서 차고도 크게 지었습니다.

소가 모는 수레(덕흥리 벽화 고분)

고구려의 결혼 풍습은 지금과 같았나요?

고구려 남자는 좋아하는 여자가 생기면 그 여자의 집 마당에 무릎 꿇고 앉아 여자 부모의 허락을 받아야만 결혼할 수 있었습니다. 여자의 부모는 남자가 사윗감으로 적당하다고 판단되면 결혼을 허락하고, 집 옆에 딸과 사위가 살 집(서옥)을 짓고 함께 살게 했어요. 여기서 데릴사위라는 말이 생겼지요. 신랑 신부가 아이를 낳아 잘 기른 뒤에는 새 집을 짓고 나가 살게 했다고 합니다.

채머리 (무용총)
결혼하지 않은 여자들은 머리를 뒤로 내린 채머리를 했어요.

얹은머리 (쌍영총 모사도)
결혼한 여자들은 신분과 지위에 관계없이 얹은머리를 했어요.

● 고구려에는 형이 죽으면 동생이 형수를 아내로 삼는 결혼 풍습도 있었어요. 남자가 전쟁에 나가 죽으면 동생 가운데 나이 많은 순서로 형의 가족을 부양한 풍습이지요. 이런 풍습은 국가가 커져서 전사자의 가족을 도울 수 있게 되면서 서서히 사라졌어요.

온달은 정말 바보였나요?

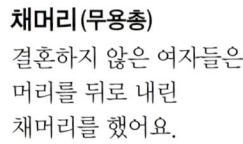

고구려 평원왕의 사위로 전해지는 온달은 가난하지만 마음씨 착하고 효성스러운 젊은이였어요. 온달은 사람들에게 바보라고 놀림을 받았지만, 평강 공주는 온달이 훌륭한 장군이 될 수 있는 사람임을 알았어요. 공주와 혼인한 뒤 열심히 공부하고 무술을 닦은 온달은 마침내 적국에서 가장 두려워하는 고구려의 장군이 되었지요. 그러나 신라에 잃은 고구려 땅을 되찾으려던 전쟁에서 온달은 화살에 맞아 죽고 말았어요.

단양 온달산성
충청북도 단양에 있는 삼국 시대 산성. 고구려와 신라가 맞붙었던 단양에는 오래전부터 울보 평강 공주의 남편 바보 온달의 이야기가 전해져요. 이 산성도 온달 장군이 이끄는 고구려군과 신라군이 맞붙었던 곳이라고 해요. 현재 남은 성벽의 둘레는 683미터이며, 산성 안에서 고구려와 신라의 유물들이 출토되었어요.

수레 (무용총)
고구려의 귀족 남녀는 수레를 많이 타고 다녔어요. 말이 끄는 마차뿐만 아니라 소가 끄는 우차도 많이 쓰였지요. 우차 옆에 서 있는 사람은 소몰이꾼이에요. 이런 사람들은 귀족의 시중을 들며 살았어요.

고구려의 백성들은 어떻게 살았나요?

고구려 9대 왕인 고국천왕은 백성들이 잘 살고 있는지 살피러 나갔다가, 길거리에 주저앉아 울고 있는 남자를 보았어요. 그 남자는 고국천왕에게 가뭄과 흉년으로 일거리가 없어 어머니를 봉양하지 못하고 있다고 말했지요. 이 일을 계기로 고구려에서는 식량이 떨어져 백성들이 굶기 쉬운 봄에 나라에서 곡식을 빌려 주었다가 가을 추수 때 돌려받는 '진대법'이라는 제도가 시행되었습니다. 고국천왕은 신분은 낮지만 나랏일을 하는 데에 뛰어난 을파소를 등용해서 백성에게 도움이 되는 여러 정책을 펼치게 했어요. 진대법도 그중 하나였지요.

• 고구려 고분 벽화에서는 사람을 그릴 때 신분과 지위가 다르다는 사실을 나타내기 위해 왕족과 귀족은 아주 크게, 평민은 작게, 노비는 아주 작게 그렸어요. 그러나 불교가 들어와 사람은 모두 평등하다는 생각이 널리 퍼지면서 사람 크기를 다르게 그리던 관습도 차츰 없어졌어요.

무용총 접객도의 한 부분

수산리 고분에 그려진 귀족 부부 나들이 장면의 한 부분

해 안에 왜 세발까마귀를 그렸나요?

옛날 사람들은 해가 금빛 세발까마귀라고 생각했어요. 그래서 고구려 사람들은 해 안에 세발까마귀를 그렸어요. 달 안에는 두꺼비나 불사약을 찧는 옥토끼, 계수나무 같은 것이 있다고 믿었어요. 불사약은 먹으면 죽지 않는다는 약이에요. 달 안의 두꺼비는 불사약을 몰래 먹은 '항아'라는 선녀가 죽지 않고 늙어서 변한 모습이라고 해요.

● 무덤의 벽과 천장 받침돌을 경계 짓는 돌에는 사방으로 띠처럼 뒤엉킨 용의 모습을 그려 넣었어요. 몸 밖으로 빠져나와 있는 발목 끝의 세 개의 날카로운 발톱이 무시무시하죠?

쌍영총의 달
두꺼비가 머리에서 불을 뿜고 있어요.

오회분 4호묘의 청룡

각저총 달 안의 두꺼비

덕화리 1호분 해 안의 세발까마귀

쌍영총 해 안의 세발까마귀

오회분 4호묘의 해의 신(오른쪽)과 달의 신(왼쪽)

각저총 해 안의 세발까마귀

용의 몸을 가진 신은 누구인가요?

고구려 사람들은 해의 신, 달의 신, 물의 신과 같은 많은 신을 숭배했어요. 고구려를 세운 주몽과 그 어머니 유화도 신으로 섬겼지요. 고구려 사람들은 해의 신과 달의 신은 용의 몸을 지녔다고 생각했어요. 용은 신령스러운 동물이니까요.

23

고구려 사람들은 신들이 무엇을 가르쳐 준다고 믿었나요?

고구려 사람들은 신들이 불을 다루고, 농사를 짓고, 쇠를 다루고, 바퀴를 만들고, 숫돌을 다듬는 법을 가르쳐 준다고 생각했어요.

농사의 신(오회분 5호묘)

● 농사의 신은 흰 뿔이 달린 소의 머리를 하고 있어요. 손에 벼 이삭을 들고 어디론가 바쁘게 달려가고 있네요.

불의 신(오회분 4호묘)

쇠의 신과 수레바퀴의 신(오회분 4호묘)
쇠의 신이 대장간에서 쇳덩어리를 망치로 두드리고 있고, 수레바퀴의 신이 수레바퀴에 손볼 곳이 없나 살펴보고 있어요.

고구려에도 천문학자가 있었나요?

고구려 사람들은 해와 달, 그리고 별자리를 숭배했어요. 별자리 가운데에는 북두칠성과 남두육성을 신성하게 여겼습니다. 고구려 사람들은 별자리를 정확하게 관찰하려고 애썼어요. 조선 태조에게 전해진 고구려 천문도에는 천문학자들이 찾아낸 별이 1,464개나 새겨져 있었다고 해요.

장천 1호분의 별자리
무덤의 천장에 해와 달, 북두칠성이 그려져 있어요. 고구려 사람들이 그린 북두칠성의 모습이 지금 우리가 그리는 것과 같지요?

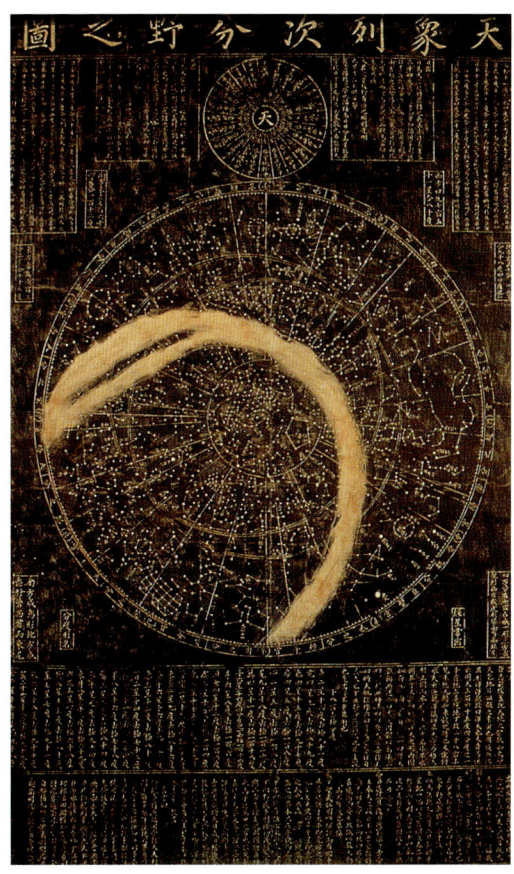

고구려의 천문도를 조선 태조 때 다시 만든 〈천상열차분야지도〉

숫돌의 신 (오회분 4호묘)

고구려 사람들은 어떤 문자를 썼나요?

고구려 사람들은 한자를 문자로 썼어요. 그렇지만 한자는 우리말을 그대로 나타내기가 어려워서, 한자 사이에 우리 발음에 맞춘 한자를 섞어 쓰기도 했어요. 아직 세종대왕이 한글을 만들어 내기 훨씬 전이니까요.

한자로 쓴 문장이 있는 금동 광배 뒷부분

벽화에서 학이나 용을 탄 사람들은 누구인가요?

고구려 사람들은 몸과 마음을 열심히 수련하면 신선이 된다고 믿었어요. 신선은 늙지도 죽지도 않는 상상의 사람을 말해요. 고구려 사람들은, 신선은 학이나 용과 같은 신성한 동물을 타고 하늘을 날아다닐 수 있다고 생각했어요. 또 어떤 신선은 새처럼 그냥 하늘을 날 수 있다고 믿었어요. 날개도 없는데 말이에요.

무용총의 신선

오회분 4호묘의 신선

- 고구려 사람들은 신선이 삼신산과 같은 신성한 산에 산다고 생각했어요. 그런 산은 신성한 동물을 타고 날아가거나 스스로 날아서만 이를 수 있다고 믿었어요.

거문고를 타고 있는 신선(무용총)

- 신선은 거문고를 타거나 평상에 앉아 글을 쓰면서 하루를 보냈어요.

평상에 앉아 있는 신선(무용총)

고구려 사람들은 왜 무덤 벽에 그림을 그렸을까요?

왕이나 귀족은 무덤 안을 온통 벽화로 꾸몄어요. 죽은 뒤에도 살아 있을 때처럼 잘 살기를 바라는 마음을 고분 벽화에 담았지요. 그래서 하인들의 시중을 받는 모습이나 사냥하는 모습, 잔치를 열어 춤과 노래를 즐기는 모습을 그렸습니다.

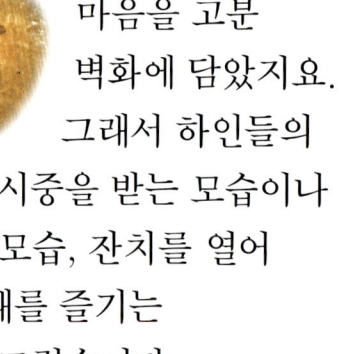

매사냥 (삼실총)
이 벽화는 고구려 때 이미, 매를 길들여 사냥한 것을 알 수 있게 합니다.

무덤 주인 (안악 3호분)
가운데에 그려진 사람이 무덤 주인이에요. 부채를 들고 여유롭게 앉아, 주위 사람들한테 보고를 받고 지시도 내리는 모습입니다.

벽화에는 왜 커다란 나무가 그려져 있을까요?

고구려 사람들은 커다란 나무를 신성하게 여겼습니다. 나무가 신의 세계와 인간의 세계를 이어 주고 있다고 생각했지요. 또 신성한 나무에 앉는 새들은 신의 뜻을 전하는 존재라고 믿었습니다. 그래서 무덤 벽에 온통 커다란 나무만 그려 넣기도 했어요.

자색 나무 (장천 1호분)
이 벽화에는 새털 모양의 뾰족한 자색 잎과 녹색의 넓은 잎, 주먹보다 큰 열매가 달린 커다란 자색 나무가 그려져 있어요. 나무 곁에는 어디선가 날아온 아름다운 새가 그려져 있지요.

강서대묘의 현무
고구려 고분 벽화 중 최우수 작품으로 평가받고 있는 현무입니다. 거북의 운동감과 뱀의 탄력성이 어우러진 역동성은 고구려인의 기상을 보는 듯해요.

고구려 고분 벽화에는 무엇이 그려져 있나요?

고구려 고분 벽화는 시대에 따라 변해 갔어요. 초기에는 무덤 주인이 생전에 살던 모습이 주로 그려졌는데, 시간이 지나면 연꽃무늬, 구름무늬 같은 장식 무늬도 그려집니다. 후기에는 고구려의 힘과 패기가 넘치는 사신도가 그려졌지요. 종교, 사상 등이 생동감 있게 묘사된 고구려 고분 벽화는 세계적으로 뛰어난 우리 민족의 문화유산입니다.

무덤 벽에 왜 사신을 그렸을까요?

청룡, 백호, 주작, 현무를 '사신'이라고 해요. 이들은 저마다 하늘의 동서남북에 있는 7개씩의 별자리를 가리키기도 합니다. 청룡은 동쪽, 백호는 서쪽, 주작은 남쪽, 현무는 북쪽의 수호신이에요. 고구려 사람들은 무덤 벽에 사신을 그려 놓으면 무덤도 잘 지켜지고 후손도 잘 살 수 있다고 생각했어요.

무용총의 주작
벽화의 주작 자리에는 처음에 수탉이 그려졌어요. 고구려 사람들은 수탉을 신성하게 여겼는데, 주작을 수탉과 같은 존재로 생각했나 봐요. 신라 사람들은 모자에 닭의 깃을 꽂은 고구려 군인들을 보고 '수탉'이라고 부르기도 했대요.

무용총의 청룡

고분 벽화의 용은 왜 사슴뿔을 달고 있나요?

강서대묘의 청룡

용은 본래 9가지 생물의 특징을 지닌 상상의 동물로 알려졌어요. 뿔은 사슴, 머리는 낙타, 눈은 귀신, 이마는 뱀, 배는 대합, 비늘은 물고기, 발톱은 매, 발은 호랑이, 귀는 소의 모습을 한 동물로 말이에요. 그래서 처음 그려진 용의 모습은 갖가지 재료가 원래의 모양대로 그릇에 담긴 잡탕밥처럼 우스꽝스러웠어요.

강서중묘의 백호
백호는 처음에 숲 속에 사는 호랑이처럼 그려졌어요. 그러나 화가들이 신성한 분위기를 내기 위해 눈, 코, 입, 몸을 이리저리 자꾸 새롭게 그렸어요. 이 백호는 공작 꼬리처럼 둥글고 큰 눈썹을 지닌 독특한 모습을 하고 있어요.

삼실총의 현무
현무는 거북의 몸을 뱀이 감고 있는 모습으로 그렸어요. 옛날 사람들은 거북이 모두 암컷이라고 생각해서, 알을 낳으려면 수컷인 뱀을 만나야 한다고 믿었기 때문이에요.

고구려 사람들은 왜 연꽃을 좋아했나요?

불교가 유행했던 5세기에는 무덤 안을 온통 연꽃으로만 꾸민 귀족도 있어요. 연꽃은 불교에서 깨달음의 상징입니다. 고구려 사람들은 착한 일을 많이 하고 부처님께 열심히 기도하면 죽은 뒤 '정토'라는 낙원에서 다시 태어난다고 믿었어요. 그런데 정토에서는 어머니의 배가 아닌 연꽃에서 태어난다고 생각했지요.

장천 1호분의 기린
고구려 고분 벽화의 기린은 세상이 살기 좋을 때 나타난다는 전설 속의 동물입니다. 기린을 비롯해 고분 벽화에 많이 등장하는 이상한 새와 짐승은 좋은 징조를 알려 준다고 해요.

장천 1호분의 연꽃화생
남녀가 하나의 연꽃에서 동시에 태어나고 있어요. 정토에서도 부부의 인연을 이어가고 싶은 소망을 표현한 그림이지요.

무덤은 누가 지켰나요?

귀족의 무덤에는 값진 물건이 많이 묻혔어요. 그래서 도둑이 들어오지 못하게 무덤 입구를 돌로 막고 돌문을 달기도 했어요. 무덤 입구의 벽에 무서운 얼굴의 괴수를 그려 놓기도 했어요. 으르렁거리는 개를 그린 무덤도 있습니다. 그렇지만 무덤 주인이 묻힌 방 입구에서는 친절한 문지기 아저씨나 시녀들이 안내를 해 주기도 하지요.

삼실총 행렬도
이 행렬도에는 무덤의 주인으로 보이는 남자의 뒤를 부인과 여러 시녀들이 따르는 모습이 그려져 있어요.

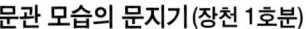

문관 모습의 문지기 (장천 1호분)
무덤을 지키는 문지기 아저씨예요. 다이아몬드 무늬의 저고리를 입고 한껏 멋을 냈어요. 무관 모습을 한 문지기도 함께 그려져 있어요.

세발까마귀를 연상시키는 새 (덕흥리 벽화 고분)
고분 벽화에는 상서로운 새가 많이 그려졌어요. 이 새는 해 안의 세발까마귀를 연상시킵니다. 두 발 밑에 불꽃이 표현되어 있어 이 새가 불새임을 알 수 있어요.

돌로 만든 방을 무덤으로 쓴 사람들은 누구인가요?

고구려의 무덤방은 큰 돌을 반듯하게 다듬어서 생전에 살던 방처럼 만들었습니다. 이런 방은 왕족이나 신분이 높은 귀족들의 무덤에 만들어졌어요. 널찍하고 천장이 높은 무덤방을 만들어, 벽과 천장을 신비한 그림으로 멋지게 꾸미기도 했습니다.

두 기둥 위에 암수 주작이 그려진 쌍영총 내부
고구려 고분의 내부를 보면 단단한 화강암을 다듬어 만든 대형 주춧돌과 기둥 위 들보를 받치는 두공이 눈에 띕니다. 이를 통해 당시에 무거운 기와로 지붕을 이었다는 것을 알 수 있지요. 고구려의 수준 높은 건축술은 오늘날 한옥에까지 이어지고 있어요.

뱀을 목에 감고 있는 역사 (삼실총)
이 역사는 마치 묘기를 부리는 것 같아요. 뱀을 목에 감고, 한 손으로는 기둥을 밀고 다른 한 손으로는 천장을 받치고 있으니 말이에요.

두 팔로 무덤 천장을 받치고 있는 역사 (삼실총)
고분 벽화에 등장하는 역사들은 무덤의 돌로 된 천장이 무너지지 않게 힘껏 떠받치고 있어요. 얼마나 힘든지 어떤 역사는 눈을 부릅뜨고 이를 앙다물고 있어요. 그림 속에서지만요.

돌을 쌓아 만든 돌무지무덤도 있다고요?

고구려 사람들은 돌방무덤을 만들기 전부터 돌무지무덤을 만들었어요. 중국 지안 시 일대에는 지금도 6,700여 기의 고구려 무덤이 남아 있는데, 대부분이 돌무지무덤입니다. 장군총도 그중 하나로, 학자들은 광개토대왕의 능으로 보고 있어요.

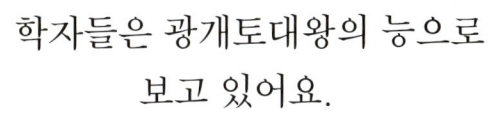

장군총
중국 지린 성 지안 시에 있어요. 잘 다듬은 화강암을 계단처럼 7층으로 쌓아 만든 돌무지무덤이에요.

고구려는 왜 멸망했나요?

고구려는 수나라, 당나라를 비롯한 이웃 나라들과의 잦은 전쟁으로 나라의 힘을 잃었습니다. 게다가 연개소문이 임금보다 더한 권력을 휘두르다가 죽은 뒤 권력 다툼이 벌어져 나라가 극도로 어지러웠어요. 이 틈을 노려 신라와 당나라의 연합군이 평양성을 포위하고 고구려 보장왕의 항복을 받아 냈지요. 고구려는 동명성왕 주몽이 나라를 세운 뒤 700여 년 동안 동북아시아 강대국 자리를 지켰어요. 중국의 수나라, 당나라도 고구려와는 전쟁을 하기 싫어했어요. 그러나 668년 고구려는 역사의 무대에서 사라지고 말았어요.

쌍영총에서 나온 벽화 조각
고구려 고분 벽화에는 말을 타고 달리는 무사의 모습이 많이 그려져 있어서 고구려 사람들의 씩씩한 기상을 엿볼 수 있어요.

천리장성의 주요 거점이었던 백암성
고구려는 당나라의 공격에 대비해 요하 주위의 국경선에 천리장성을 쌓았어요. 천리장성의 주요 거점이었던 백암성은 551년 돌궐의 침입을 받았지만, 고구려 사람들은 적군을 물리치고 성을 지켜 냈어요. 그러나 당나라의 대군이 쳐들어왔을 때에는 버티지 못하고 성을 잃었어요.

고구려의 역사를 어떻게 알 수 있나요?

고구려는 유물과 유적이 거의 남아 있지 않지만, 다행히 고분 벽화가 많이 남아 있어 고구려 사람들의 생활 모습과 문화를 생생히 보여 주고 있어요. 고고학자와 역사학자, 미술사학자들이 고분 벽화를 비롯한 유적과 유물을 열심히 연구하고 있어서 오늘날에는 고구려에 대해 많이 알 수 있게 되었어요.

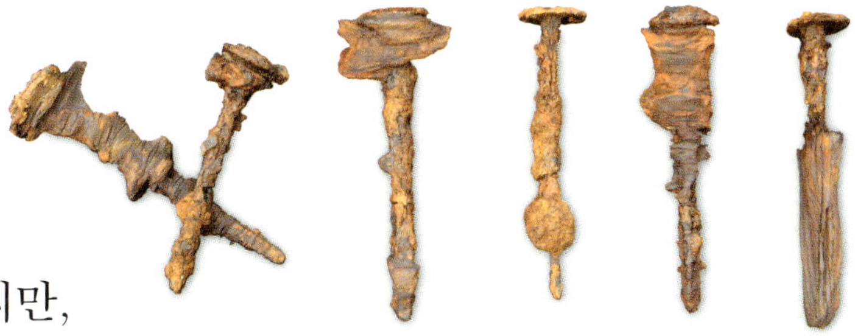

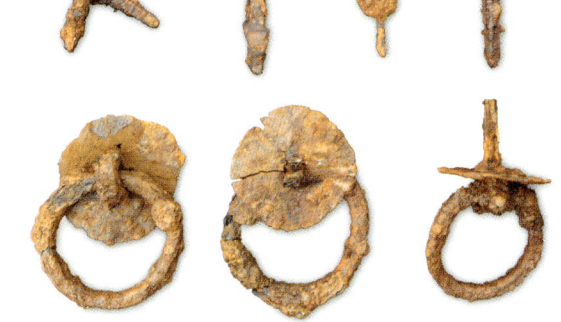

연천 고구려 고분에서 나온 유물
최근에 경기도 연천군에서 남한 최대의 고구려 유적지가 발견되었어요. 이 유적지는 장수왕의 남하 정책에 따라 고구려가 임진강 유역을 일정 기간 동안 지배했다는 것을 보여 줍니다. 이곳에서 발굴된 고구려 고분에서는 관에 붙어 있던 관못과 관고리 등이 나왔어요.

고분 벽화는 어디에 가면 볼 수 있나요?

옛 고구려 땅은 오늘날 대부분이 북한과 중국, 러시아에 속해 있어요. 그래서 고분 벽화는 북한이나 중국에 가야 볼 수 있어요. 벽화가 그려진 고분은 지금까지 117기가 넘게 발견되었고 앞으로도 더 발견될 거예요.

고구려 군사 요새였던 아차산 유적
고구려의 흔적은 서울과 그 인근에도 남아 있어요. 고구려 군사 요새였던 아차산 유적에서는 성벽과 그 안의 건물 터가 발견되었어요. 그리고 온돌과 배수 시설, 토기, 철제 무기 등이 출토되었어요.

천하의 중심이 된 고구려

동맹제를 통해 고구려 백성이 하나 되다

고구려는 기원전 1세기 중엽 압록강 중류 지역에서 일어나 점차 주변 나라들을 정복하여 요동에서 한반도 중부에 이르는 대제국을 이룬 나라입니다. 고구려는 주몽과 함께 부여에서 내려온 사람들이 세웠다고 전해집니다. 고구려에는 '동맹제'라는 제천 행사가 있었는데, 동맹제가 열리면 해의 신 해모수와 강의 신 하백의 딸 유화의 성스러운 만남과, 이를 통해 주몽이 태어나고 주몽을 중심으로 새 나라 고구려가 세워지던 과정이 큰 강과 들판에서 재현되었습니다. 그리고 고구려의 모든 귀족과 대인이 한 자리에 모여 나라의 중대사를 논의하고 결정했습니다.

활쏘기 (무용총)
예로부터 우리 민족은 동쪽의 활 잘 쏘는 민족으로 불렸어요. 특히 고구려인은 활쏘기에 능하여 시조의 이름이 활 잘 쏘는 사람이라는 뜻의 주몽입니다. 화살이 막 시위를 떠나려는 순간이 생생하게 표현된 이 벽화의 활은 다섯 조각의 쇠뿔을 이어 만든 활채로 탄력성을 크게 높인 것이에요.

대제국으로 나아갈 기초를 닦다

2대 유리왕은 졸본보다 발전 가능성이 높고 방어에도 적합하며 압록강을 이용한 교통상의 이점도 있는 국내성으로 도읍을 옮겼습니다. 6대 태조왕 때부터 계루부, 소노부, 환노부, 절노부, 순노부 중에 태조왕의 후손인 계루부 고씨가 왕위를 독점하게 되었고, 9대 고국천왕 때에 와서는 왕의 아들이 왕위를 세습하는 것이 당연시되었지요.

4세기에 고구려는 중국의 연나라와 백제의 침략을 받아 위기를 맞기도 했지만, 17대 소수림왕이 국가 체제 정비에 나섰습니다. 소수림왕은 불교를 받아들이고 율령을 반포했으며, 높은 수준의 교육기관인 태학을 세워 관료를 양성했지요.

오녀산성
고구려가 외부의 적을 효과적으로 방어하는 기본 수단으로 쌓은 최초의 성입니다. 환인의 비류수 서쪽에 자리 잡고 있는 오녀산은 북쪽이 가파른 벼랑으로 자연 성벽을 이루고 있어요. 정상에서 200미터쯤 아래에 동서남쪽 세 방향으로만 길이 1킬로미터 가량의 둘레에 넓적 돌로 쌓았습니다.

광활한 영토 확장, 동북아시아의 강국이 되다

광개토대왕 재위 22년 동안에 고구려는 자타가 공인하는 동북아시아의 강국으로 성장했습니다. 광개토대왕은 먼저 백제를 제압한 뒤 거란과 숙신을 정벌하고, 신라의 요청을 받아 신라의 도읍 경주에 쳐들어온 왜와 가야의 연합군을 물리친 뒤 고구려군이 김해의 금관가야까지 토벌하게 했습니다. 북서쪽으로는 후연을 격파하여 요하 유역을 차지함으로써 만주와 한반도에서 우월한 위치를 확보했습니다. 당시 고구려는 잘 훈련된 보병, 기병, 수군으로 세분화된 군대를 갖고 있었으며 제철, 제련 기술도 크게 발달하여 질 좋은 무기와 장비로 무장한 막강한 군사력을 갖추고 있었습니다.

장수왕은 광개토대왕의 업적을 이어받아 제도를 정비하고 대외 관계도 잘 발전시켜 고구려가 유연, 남제, 북위와 함께 동북아시아의 4강시대를 열게 했습니다. 427년에는 늘어난 인구와 넘치는 물자를 감당할 수 있는 평양으로 도읍을 옮기고 더 적극적으로 남하 정책을 추진하여 남쪽으로 더욱 영토를 넓혔습니다.

고구려의 남진 정책에 위협을 느낀 신라와 백제가 나·제 동맹을 맺었지만, 475년 장수왕은 백제의 한성을 함락시키고 한강 유역을 차지했습니다. 이때 신라는 죽령 이북의 땅을 잃었습니다. 장수왕의 뒤를 이은 문자왕은 494년 부여를 복속시켜, 고구려의 영토가 가장

	고구려	동아시아
기원전	87 고구려 사람들이 진번군과 임둔군을 몰아내다. 37 주몽이 졸본에서 고구려를 세우다.	108 한나라가 건국되다. 97 한나라 사마천이 《사기》를 완성하다. 75 한나라가 요동군에 현토성을 쌓다. 2 한나라에 불교가 전해지다.
1세기	3 2대 유리왕이 국내성으로 도읍을 옮기다. 22 3대 대무신왕이 부여를 공격하여 대소왕을 죽이다. 56 6대 태조왕이 동옥저를 정복하다.	25 후한이 세워지고 광무제가 왕위에 오르다.
2세기	118 태조왕이 후한의 현토군을 습격하다. 121 태조왕이 후한의 요동을 공격하다. 172 명림답부가 후한의 군대를 좌원에서 물리치다. 191 9대 고국천왕이 을파소를 국상에 임명하다. 194 고국천왕이 진대법을 실시하다.	105 후한의 채륜이 종이를 널리 쓰이게 하다. 172 후한의 현토태수 경림이 고구려를 습격하다. 184 후한에서 황건적의 난이 일어나다.
3세기	244 11대 동천왕이 위나라 유주자사 관구검에 패배하다. 환도성이 함락되다. 259 위군을 양맥곡에서 격파하다.	208 적벽대전에서 유비와 조조가 싸우다. 220 후한이 멸망하고 위나라가 일어나다. 244 위나라 유주자사 관구검이 고구려의 환도성을 공격하다. 280 진(晉)나라가 중국을 통일하다.
4세기	302 15대 미천왕이 현토군을 공격하다. 313 미천왕이 낙랑군을 멸망시키다. 314 미천왕이 대방군을 멸망시키다. 342 전연에 환도성이 함락되고 포로 5만 명이 끌려가다.	316~439 서진이 멸망하다. 북중국에서 5호 16국 시대가 열리다. 317 강남에서 동진이 성립하다. 339~342 전연이 고구려를 공격해 환도성을함락하다.

넓은 상태가 되게 했습니다. 광개토대왕릉비와
중원고구려비는 5세기에 고구려가 얼마나 강대한
나라였는지를 알게 합니다.

역동적이고 실용적인 문화를 창출하다

만주와 한반도에 걸친 대제국을 세우는 과정에서
고구려는 북방의 여러 나라와 교류하면서 힘과 정열이
넘치는 독자적인 문화를 이루어 냈습니다. 고구려 와당의
귀면상이나 벽화의 사신도에서 고구려 문화의 이런
기상을 엿볼 수 있지요.

고유문화를 바탕으로 외래문화를 주체적으로
받아들인 고구려 사람들은 고구려 특유의 역동적이고
실용적인 문화를 발전시켜 가면서 백제, 신라, 가야에
새로운 문화를 전파했습니다. 일본 고분에서도
고구려의 영향을 받은 벽화가 발견되었습니다.

민족적 위기를 극복한 살수 대첩과 안시성 싸움

589년, 분열된 중국을 통일한 수나라는 고구려의
요동 지역을 위협하기 시작했어요. 이후 20년에 걸친
고구려와 수나라의 전쟁이 시작됩니다. 598년, 수나라
문제는 수륙군 30만으로 침입했으나 실패하고, 그 뒤
612년에 113만 대군으로 요하를 건너 요동성을
공격했지만 고구려군의 강력한 저항으로 뜻을 이루지
못했습니다. 수나라 양제는 다시 30만 명의 별동부대를
편성해 압록강을 건너 평양성 공략에 나섰지만,
을지문덕 장군의 유인 작전에 걸린 수나라 군대는
살수 대첩에서 크게 패하고 말았습니다.

수나라가 망하고 일어난 당나라는 연개소문의 정변을
구실 삼아 고구려 침략에 나섰습니다. 30만군을 앞세운

	고구려	동아시아
	357 안악 3호분을 만들다.	370 전연이 멸망하다.
	369 16대 고국원왕이 백제를 공격해 패배하다.	372 전진의 왕 부견이 고구려에 불교를 전하다.
	371 고국원왕이 백제의 평양성 공격을 막다가 전사하다.	376 전진이 북중국을 통일하다.
	373 17대 소수림왕이 율령을 반포하다.	400 후연의 왕 모용성이 고구려에 침입해 신성과 남소 두 성을 공략하다.
	391 19대 광개토대왕이 평양에 9개의 불교 사원을 세우다.	
	395 광개토대왕이 비려를 정벌하다.	
	396 광개토대왕이 백제를 공격하여 아신왕의 항복을 받다.	
	400 광개토대왕이 5만의 군대로 왜와 가야의 연합군을 몰아내 신라를 구하고 금성에 주둔군을 남기다.	
5세기	404 광개토대왕이 후연을 공격하고 백제·왜 연합군을 격멸하다.	420 동진이 멸망하고 송이 일어나다.
	408 덕흥리벽화분을 만들다.	436 북연이 멸망하고, 북연의 왕 풍홍 일행이 고구려로 망명하다.
	410 광개토대왕이 동부여를 정벌하다.	
	412 광개토대왕이 죽고 장수왕이 왕위에 오르다.	
	414 광개토대왕릉비를 세우다.	
	427 20대 장수왕이 평양으로 도읍을 옮기다.	
	475 장수왕이 백제 한성을 함락하고 백제 개로왕을 죽이다.	
	480년경 장수왕이 중원고구려비를 세우다.	
	484 고구려군이 나·제 연합군에게 모산성에서 패배하다.	

당 태종은 약 3개월 만에 개모성, 요동성, 비사성, 백암성을 모두 함락시켰지만, 안시성 싸움에서 패배하고 돌아갈 수밖에 없었습니다. 그 뒤에도 당나라는 2차, 3차에 걸쳐 침입했지만 번번이 실패했습니다.

이렇게 고구려는 동북아시아도 지배하려던 수나라와 당나라의 침입을 물리치고 국가적 위기를 극복했습니다.

700여 년 이어 온 28왕조의 고구려가 막을 내리다

668년, 고구려는 신라와 당나라의 연합군에 패함으로써 700여 년을 이어 온 역사의 막을 내립니다. 648년 신라의 김춘추는 당나라와 동맹을 맺었습니다. 신라는 백제를, 당나라는 고구려를 멸망시키기 위해 서로 돕기로 약속한 것이지요. 이렇게 결성된 나·당 연합군은 660년에 백제를 멸망시킨 데 이어, 고구려 공격에 나섰습니다. 이때 고구려는 오랫동안 수나라, 당나라 등 중국의 통일 왕조와 전쟁을 치르느라 국력이 약해진 상태였지요.

국내적으로는 독재로 민심을 혼란시킨 연개소문이 죽고 나서 권력 다툼이 일어나 나라가 어지러웠습니다. 이 틈을 이용해 나·당 연합군은 668년 김인문이 이끈 27만의 신라군과 이적, 설인귀가 이끈 당나라 군사 50만으로 평양성을 공격하여 함락시켰습니다. 이때 고구려 유민 2만 8,200호가 당나라에 강제로 이주당했지요. 이후 고구려의 전통은 698년에 세워진 발해에 의해 계승되었습니다.

	고구려	동아시아
6세기	537 돌궐의 침략을 물리치다. 548 백제를 공격했으나, 신라가 백제를 도와주다. 551 신라와 백제에 한강 유역을 빼앗기다. 554 24대 양원왕이 백제의 웅천성을 공격하다. 586 25대 평원왕이 장안성으로 궁궐을 옮기다. 590 온달 장군이 아단성에서 전사하다. 598 고구려군이 말갈군과 함께 수나라 요서를 공격하다.	534 북위가 멸망하고 동위가 일어나다. 538 일본이 백제 성왕으로부터 불법을 전해 받다. 550 동위가 멸망하고 북제가 일어나다. 589 수나라가 중국을 통일하다.
7세기	610 담징이 일본에 종이, 먹 등의 기술을 전하고 호류 사 금당 벽화를 그리다. 612 을지문덕이 살수에서 수나라 군대를 물리치다. 631~646 천리장성을 쌓다. 642 연개소문이 27대 영류왕을 시해하고 왕의 조카 보장을 28대 왕으로 세우다. 647 당나라의 2차 침입을 물리치다. 648 당나라의 3차 침입을 물리치다. 662 연개소문이 사수에서 당군을 물리치다. 666 연개소문이 죽고 연남생이 대막리지 (고구려 말기 행정과 군사권을 장악한 최고 관직)가 되다. 668 나·당 연합군에게 평양성이 함락되어 멸망하다. 698 고구려 유민이 발해를 건국하다.	604 수나라 양제가 왕위에 오르다. 613 수나라 양제가 고구려 침략에 실패하다. 614 수나라가 고구려 침략에 실패하다. 618 수나라가 멸망하고 당나라가 일어나다. 628 당나라가 중국을 통일하다. 645 당나라가 고구려 안시성을 공략하다가 실패하다. 현장이 《대당서역기》를 쓰다. 647 당나라가 육지와 바다 두 길로 고구려를 공격하다. 660 당나라가 백제를 멸망시키고 웅진도독부를 설치하다. 668 당나라가 고구려를 멸망시키고 평양에 안동도호부를 설치하다. 690 당나라 측천무후가 왕위에 오르다.

찾아보기

ㄱ
갑옷 12, 13
거문고 14, 27
견우와 직녀 17
곡예단 15
광개토대왕 7, 8, 33, 37, 38
국내성 6
기린 31

ㄴ
나무 28
남두육성 25

ㄷ
데릴사위 20

ㅁ
매사냥 28
못신 12
무늬 옷 16
무덤 22, 28~30, 32, 33
무용단 15

ㅂ
백암성 34, 39
백호 9, 30, 31
북두칠성 25
불교 21, 31

ㅅ
사냥 10, 11, 28
사신 30
사신도 29
살수 대첩 38
서옥 20
세발까마귀 22
소리 나는 화살 11
신 23, 24, 28
신선 14, 26, 27
씨름 13

ㅇ
아프라시압 궁전 벽화 5
안시성 싸움 38, 39
연개소문 34
연꽃 31
오녀산성 36
온달 10, 20
온돌 18
옷 9, 15
왕산악 14
용 30
유리왕 14
유화 4, 23
을파소 21
음식 18

ㅈ
장군총 33
장수왕 6, 8, 33, 35, 37, 38
절풍 17
졸본 6
주몽 4, 7, 23, 34, 36
주작 30
중원 고구려비 8
진대법 21

ㅊ
천리장성 34
천문도 9, 25
천상열차분야지도 25
청룡 30

ㅌ
탈춤 15
태조왕 6
투구 12, 13

ㅍ
평강 공주 20
평양 6, 10, 37

ㅎ
학 15, 26
한자 25
해모수 4, 36
현무 29, 30, 31
호우명 그릇 8
화장 15, 16
환두대도 10, 12
황조가 14

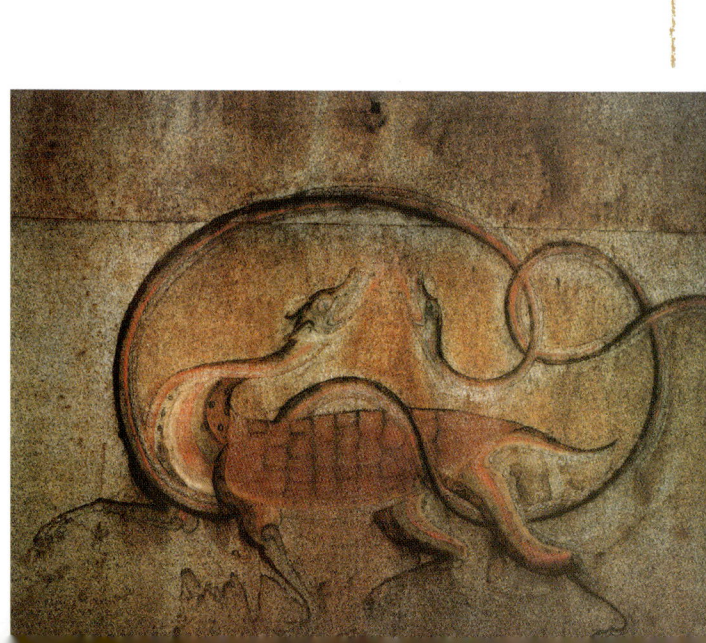